미스터리 과학 도감 4탄
슈퍼 최강 동물왕

들어가는 말

이 책은 여러 동물을 소개하면서 동물의 크기와 속도, 능력, 먹는 양, 사는 장소 등을 비교하고 있습니다. 또 누가 최고인지 비교하는 데서 그치지 않고, 그 동물에게만 있는 특성도 소개합니다.

우리 인간도 동물 중 하나입니다. 지구의 거친 환경과 약육강식의 세계에서 살아가는 야생의 동물을 살펴보면 인간이 얼마나 연약한지 알 수 있습니다. 더 나아가 다른 동물과 함께 살아가는 방법도 생각하게 되지요.

'생명'이란 무엇일까요? 환경에 적응해 사는 동물들과 우리의 모습을 비교하면서 생명의 의미와 소중함을 깨닫기 바랍니다.

차례

1장 최강 스피드왕은? -빠르기 비교 ... 5
동물 상식 1 동물들의 스피드 대결 ... 18

2장 가장 큰 동물은? -크기 비교 ... 19
동물 상식 2 주변에서 볼 수 있는 동물들 ... 30

3장 최강 점프왕은? -점프력 비교 ... 32
동물 상식 3 하늘을 나는 생물들 ... 44

4장 가장 많이 먹는 동물은? -먹이 양 비교 ... 46
동물 상식 4 동물들의 똥 이야기 ... 56

5장 신기한 사막, 남북극 동물 ... 57
동물 상식 5 땅속에 사는 동물들 ... 73
동물 상식 6 몸을 지키는 동물들 ... 74

6장 튼튼한 고지대 동물 ... 75
동물 상식 7 동물들의 다양한 집 ... 90

7장 무서운 정글 동물 ... 92
동물 상식 8 동물들의 수영 실력 ... 108

8장 멋진 바다 동물 ... 109
특별한 이야기 벨이 들려주는 바다 이야기 ... 120

9장 신비한 심해 동물 ... 121
동물 상식 9 미스터리한 해저 세계 ... 139

10장 동물들의 소중한 생명 ... 140
최강 동물왕 테스트 ... 152

책을 읽기 전에

단위 기호와 읽는 방법

생물의 크기와 무게, 능력을 비교할 때 다양한 단위를 사용한다.
단위의 기호와 읽는 방법은 아래를 참고할 것.

길이의 단위

mm(밀리미터)　　　　　　　　cm(센티미터) …… 1cm=10mm
m(미터) …… 1m=100cm　　　　km(킬로미터) …… 1km=1,000m

무게와 양의 단위

mg(밀리그램)　　　　　　　　g(그램) …… 1g=1,000mg
kg(킬로그램) …… 1kg=1,000g　t(톤) …… 1t=1,000kg
L(리터)

온도의 단위(섭씨)

℃(도씨)

속도의 단위

시속 ………… 1시간 동안의 진행 거리. 시속 300km는 1시간에 300km를 움직이는 속도.

몸길이 ……… 동물의 몸길이. 물고기의 주둥이 끝에서 꼬리까지의 길이.
　　　　　　(꼬리지느러미는 포함하지 않음)

전체 길이 ·· 동물의 전체 길이.
　　　　　　물고기의 주둥이 끝에서 꼬리지느러미 끝까지의 길이.

알아 두기

이 책은 어린이들이 쉽고 재미있게 읽을 수 있도록 다양한 동물들의 능력과 특징을 만화로 구성하였다. 책에 표기된 동물들의 능력 수치는 그 종의 최고 능력을 기준으로 한 것이며, 만화에서처럼 같은 조건에서 달리거나 점프하는 대결은 어린이들의 이해를 돕기 위하여 설정된 상황이다. 사는 곳이 다른 동물들을 서로 비교하는 장면 또한 만화적인 표현으로, 만능 태블릿을 이용해서 한 장소에 모였다고 가정한 것이다.

등장인물

수지
초등학교 4학년 여자아이.
학교 성적은 평균이지만,
패션 감각이 뛰어나다.
취미는 동물과 놀기.

지오
초등학교 4학년 남자아이.
학교 성적은 평균이지만,
체력과 먹는 것은 자신 있다.
특기는 수영, 꿈은 부자가 되는 것.

벨
미스터리한 외계인.
어떤 목적을 가지고 지구에 왔다.
뛰어난 지식을 가졌다는데,
정말 그럴까?

1장 최강 스피드왕은?

*UFO: 유에프오. 미확인 비행 물체.

지구에 있는 생물들끼리 비교한 자료를 모으는 게 내 여름 방학 숙제거든!

그래서 평범한 초등학생이라 비교 대상으로 딱 좋은 너희의 도움을 받고 싶어♡

빙긋~

지금부터 시간과 공간을 뛰어넘고, 전 세계를 다니면서 여행할 거야. 따라와!

가자!

따라오라고? 우리 지금 학교 가는 중이거든!

뭐?

같이 못 간다고?

그러면 멀리 있는 친구들한테 와 달라고 해야겠네.

쓱

삑 삑

이 태블릿으로 지구에 있는 동물을 부를 수 있어.

동물이 사는 곳이 물속이든 땅 위든 상관없이 말이야!

후후!

지금 바로

삑

슥

삑

너희랑 크기가 비슷한 동물을 불러 볼까?

앗, 깜짝이야!

어디서 나타났지?

스

윽

파닥

파닥

펄떡 펄떡

가다랑어
전체 길이 약 1.2m

지오
키 133.6cm

큰고니
몸길이 약 1.5m

그럼! 나처럼 뛰어난 외계인 초등학생이면

지구의 동물 언어는 기본적으로 알고 있지.

훗…

스윽

자, 이제 비교 실험을 시작해 볼까?

모두, 제자리에!

응?

뭐?

100m 달리기 준비,

출발!

탕

삑

00:07

헉헉!

19:99

삐빅

지오가 100m를 약 20초에 달릴 때 (시속 약 19km)

치타는 이미 600m 달리기 끝. (시속 약 110km)

쌔―앵

뭐?

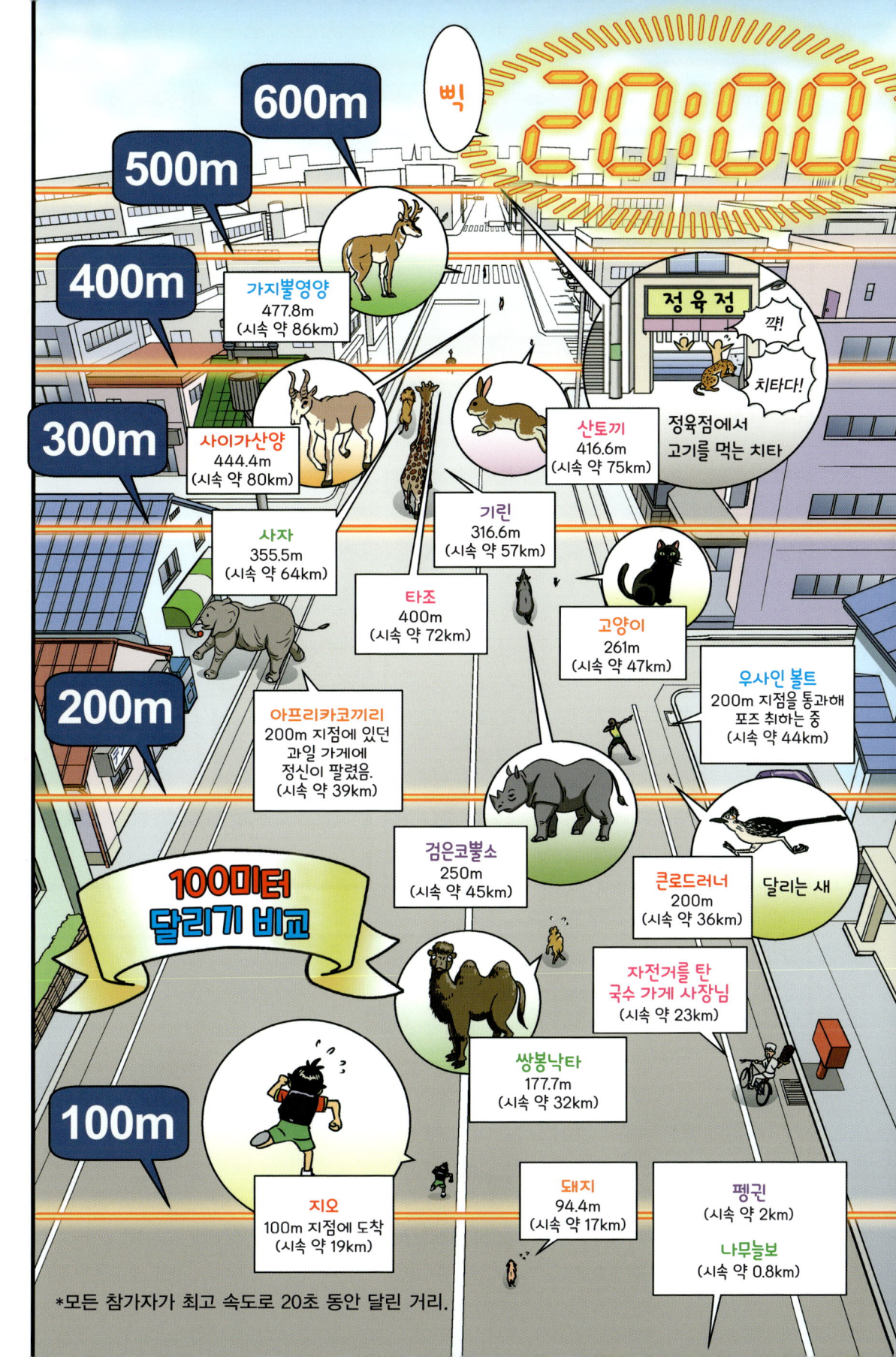

동물 상식 1

동물들의 스피드 대결
치타보다 빠른 동물이 있다고?

지구에서 가장 빨리 달리는 동물은 바로 치타이다. 그런데 하늘을 나는 새들은 치타보다 더 빠르다. 하늘을 나는 스피드 왕은 누구일까?

바늘꼬리칼새
세계에서 가장 빠른 새
시속 약 170km
10초에 약 472m

큰군함조
시속 약 153km
10초에 약 425m

집비둘기
시속 약 160km
10초에 약 444m

호사북방오리
시속 약 76km
10초에 약 211m

제비
시속 약 65km
10초에 약 180m

매
시속 약 100km
10초에 약 278m
먹잇감을 노리고
급강하할 때의
시속은 약 200km

치타
시속 약 110km
10초에 약 305m

●●가장 빠른 조류 TOP 3●●

세계에서 가장 빠른 동물은 조류!
세계에서 가장 빠른 조류는 야구 선수가 던진 시속 170km의 공과 비슷하게 난다. 조류가 이렇게 빨리 날 수 있다는 것은 아주 놀라운 일이다. 우리가 자주 볼 수 있는 집비둘기는 2위를 차지했다.

최고 속도

한국을 지나는 나그네새

바늘꼬리칼새
몸집이 크고 꽁지가 네모나다. 몸길이는 약 21cm. 공중에 있는 곤충을 낚아챌 수 있다.
(시속 약 170km)

날개를 펼치면 2m

큰군함조
날개를 펼치면 2m가 넘는 물새가 된다. 체중은 약 1.2kg. 수컷은 목에 빨간 주머니가 있다.
(시속 약 153km)

번식력이 뛰어난 새

집비둘기
집으로 돌아오려는 성질이 강해서 훈련시킨 다음 편지를 보내는 전서구로 이용하기도 했다.
(시속 약 160km)

*위에서 소개한 동물의 속도는 모두 '최고 빠른 속도'이며, 이 속도를 유지할 수 있는 것은 아님.

3코스는

돛새치!

윽!

물고기잖아?

이러면 게임이 안 되지!

4코스는

푸른바다거북!

거북까지 나온다고?

자, 여러분! 수영장에 들어가서 출발 위치로!

삐익

대왕고래는 수영장 밖으로 이동!

가라앉는 중

너, 수영해 본 적 없지?

동물 상식 2

주변에서 볼 수 있는 동물들
손바닥 정도 크기의 동물들

1 브라질세띠아르마딜로
몸을 공처럼 둥글게 만들어 몸 아랫부분을 보호한다. 딱딱한 등딱지가 머리부터 꼬리까지 덮여 있다.
(몸길이 약 35cm)

2 갯쥐며느리
잡히면 몸을 둥글게 말아서 보호하는 갑각류. 자갈 밑, 모래사장에서 볼 수 있다.
(몸길이 약 1cm)

3 아틀라스대왕산누에나방
세계에서 가장 큰 나방. 필리핀과 오키나와에 살고, 날개 끝이 물개를 닮았다.
(날개 너비 약 23cm)

4 꼬마뒤쥐
매우 작은 포유류로 땃쥐류에 속한다. 이끼가 많은 곳을 좋아하며 주로 곤충을 먹는다.
(몸길이 약 5cm)

5 맹꽁이
머리가 짧고 몸통이 둥글다. 낮에는 땅속에서 지내다가 밤에 활동한다.
(몸길이 약 4.5cm)

1 브라질세띠아르마딜로 몸을 공처럼 만드는 동물

2 갯쥐며느리 몸을 둥글게 마는 갑각류

3 아틀라스대왕산누에나방 세계에서 가장 큰 나방

4 꼬마뒤쥐 매우 작은 포유류

5 맹꽁이 또 다른 이름은 '쟁기발개구리'

6 보르네오황제대왕매미 세계에서 가장 큰 매미

7 모가니아매미 아주 작은 매미

6 보르네오황제대왕매미
세계에서 가장 큰 매미. 동남아시아 보르네오섬에 산다.
(몸길이 약 6cm)

7 모가니아매미
오키나와 남쪽에 사는 매미. 일본에서 가장 작은 매미다.
(몸길이 약 1.5cm)

작은 올빼미부터 커다란 나방까지, 작지만 각자의 특징을 가진 동물들을 팔에 올려놓고 크기를 비교해 보자.

14 등에모기류
가장 작은 곤충인 모기와 파리의 일종이다. 사람의 피를 빨아 먹는 종도 있다.
(몸길이 약 1mm)

11 엘프올빼미
세계에서 가장 작은 올빼미 중 하나

13 브라미니장님뱀
세계에서 가장 작은 뱀 중 하나. 몸집이 작아서 지렁이처럼 보인다.
(몸길이 약 20cm)

8 스몰아이 피그미 샤크
이렇게 작지만 그래도 상어

12 티티카카 부전나비
세계에서 가장 작은 나비. 남아메리카의 페루 등에 산다.
(날개를 편 길이 약 6mm)

10 꿀주머니쥐
오스트레일리아에서만 사는 쥐

9 멧밭쥐
한국에 많이 사는 들쥐

11 엘프올빼미
가장 작은 올빼미 중 하나. 딱따구리가 선인장에 파 놓은 구멍에 둥지를 만든다.
(몸길이 약 14cm)

13 브라미니장님뱀
지렁이처럼 보이는 뱀

10 꿀주머니쥐
오스트레일리아에서만 사는 쥐. 꿀을 좋아하며 암컷이 수컷보다 크다.
(수컷 몸길이 약 5cm, 암컷 몸길이 약 7cm)

12 티티카카 부전나비
1cm보다 작은 나비

14 등에모기류
피를 빠는 작은 곤충

8 스몰아이 피그미 샤크
세계에서 가장 작은 상어 중 하나. 수심 150~2,000m 바다에서 산다.
(전체 길이 약 22cm)

9 멧밭쥐
억새 같은 풀이 우거진 숲에 작고 둥근 둥지를 만들어서 산다.
(몸길이 약 6cm)

동부회색캥거루
한번 점프하면 9m를 뛸 수 있다.

누가 천장에 매달아 놓은 공까지 점프할 수 있을까?

사바나에서는 바위타기영양!

동부회색 캥거루는 또 왔구나.

가까운 곳에 있던 고양이도 와 줬고!

야옹

점프에 자신 있는 동물들을 더 모아야겠어.

자, 모두 준비됐지?

끄덕 끄덕

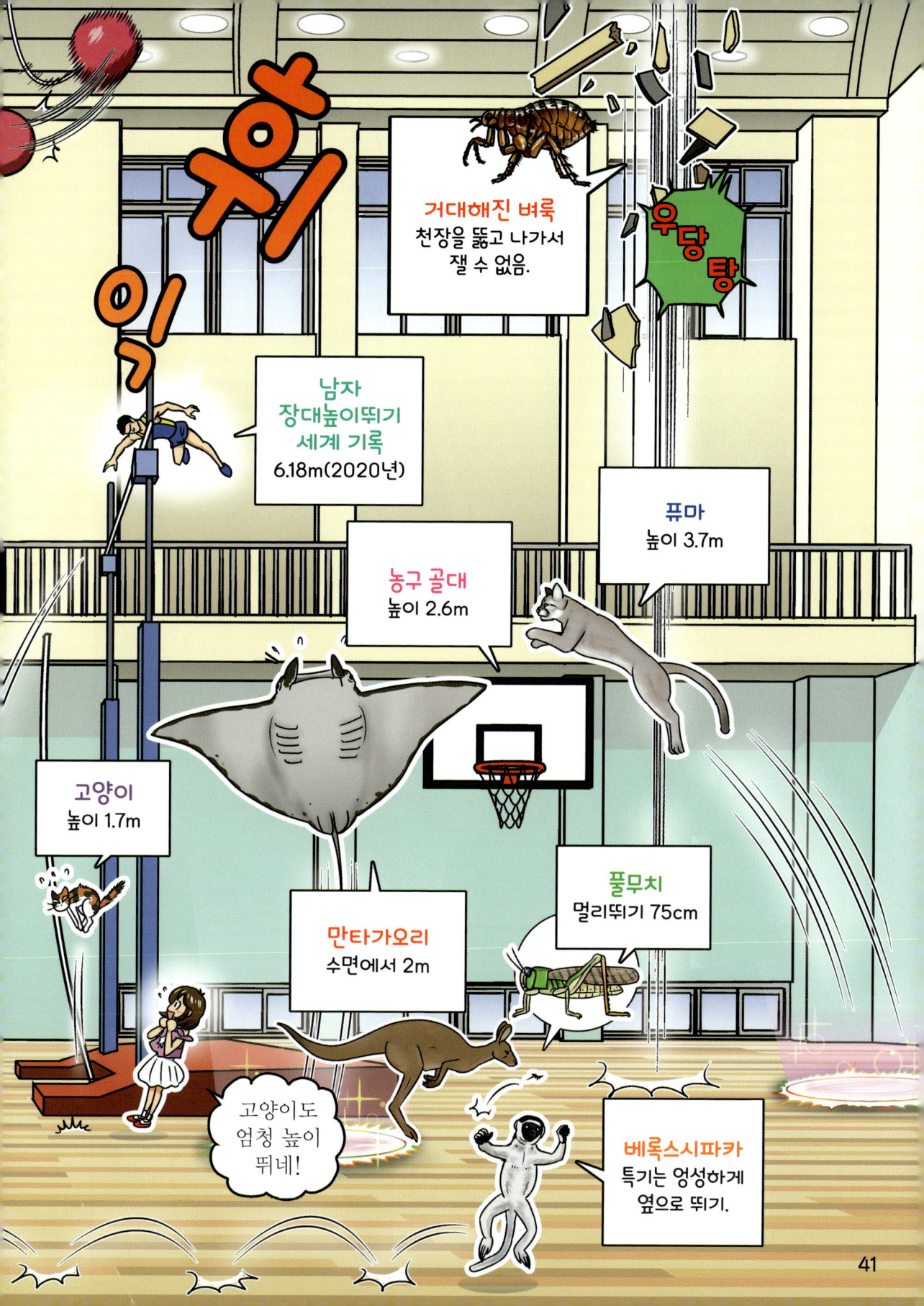

동물 상식 3

하늘을 나는 생물들
다양한 생물들의 날기 대회

1 참수리
큰 날개를 펼쳐 상승 기류를 타고, 날개를 거의 움직이지 않고 활공한다.

2 집파리
앞날개만 2장 있다. 1초에 300회 정도 날개를 파닥인다.

3 박쥐
날개를 이용해 하늘을 나는 포유류. 앞다리가 변해서 생긴 날개를 이용해 난다.

4 나방
몸이 비늘가루로 덮여 있다. 앉을 때 2쌍의 날개를 옆으로 펴고 앉는다.

5 날다람쥐
*야행성으로, 나무에서 생활한다. 네 다리를 펼치고 난다.

1 참수리 - 넓은 날개를 펼쳐 나는 새
2 집파리 - 1초에 300회 파닥이는 곤충
3 박쥐 - 날개를 가진 포유류
4 나방 - 무늬가 화려한 날개 2쌍
5 날다람쥐 - 나무에서 활강하는 포유류
6 순다날원숭이 - 살아 있는 날원숭이 중 하나

6 순다날원숭이
현재 살아 있는 날원숭이 중 하나이다. 발피막이 손가락과 꼬리까지 덮여 있다.

7 이엽시과 열매
열매 위에 달린 날개 때문에 회전하면서 천천히 바닥으로 떨어진다.

*야행성: 낮에는 쉬고 밤에 활동하는 동물의 습성.

날개를 퍼덕이거나 높은 곳에서 미끄러지듯 나는 등
생물들의 비행 방법은 매우 다양하다.
다양한 비행 방법을 비교해 보자.

15 오징어
몸 안에 있는 물을 밖으로 세게 뿜으면서 그 반동을 이용해 헤엄친다.

7 이엽시과 열매
회전하면서 떨어지는 열매

8 고로쇠나무 열매
날개가 있는 열매

9 민들레 열매
낙하산처럼 날아서 이동

14 거미
새끼 거미 중에는 실을 뽑아서 바람을 타고 나는 종도 있다.

10 날도마뱀
피부막을 이용해 나는 도마뱀

13 날치
지느러미를 날개처럼 펼쳐 시속 60km로 난다. 때로는 400m 이상 난다.

11 파라다이스나무뱀
몸을 납작하게 만들어 점프

12 윌리스날개구리
동남아시아의 숲에 사는 개구리. 피막을 펴고 주변 나무로 옮겨 다닌다.

14 거미
실을 뽑아 바람을 타는 일부의 거미들

11 파라다이스나무뱀
몸을 납작하게 만들어 점프한다. 한 번에 100m 정도 이동한다.

12 윌리스날개구리
하늘을 나는 개구리

15 오징어
몸 안의 물을 뿜으면서 이동

13 날치
빠른 속도로 나는 물고기

10 날도마뱀
날개를 펴고 날아다닌다. 날개는 늑골이 몸 밖으로 늘어나서 생겼다.

8 고로쇠나무 열매
열매에 붙은 날개가 돌면서 떨어진다. 날개의 길이는 2cm 정도이다.

9 민들레 열매
솜털 같은 하얀 관모가 낙하산 기능을 한다. 바람에 실려 멀리까지 날아갈 수 있다.

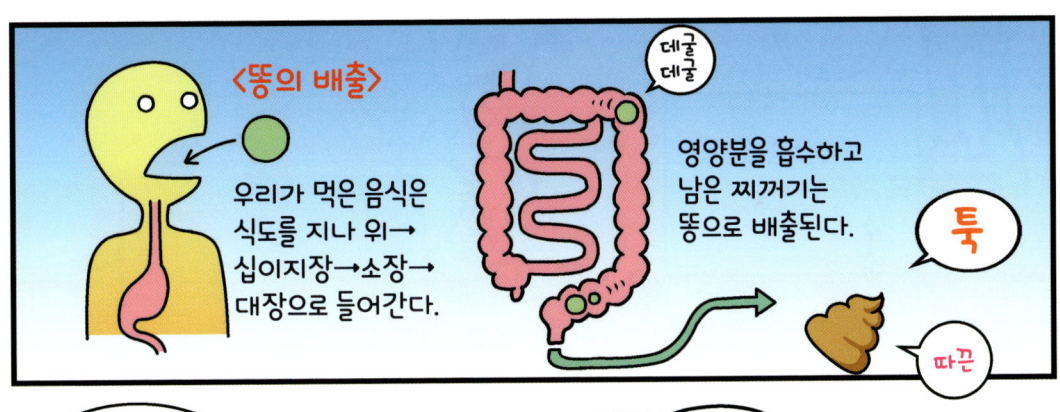

동물 상식 4

동물들의 똥 이야기
동물들의 화장실 생활

모든 동물은 먹이를 먹고 나면 똥을 눈다.
동물들은 똥을 어떻게 처리할까?

코알라
어미는 유칼립투스 잎의 독성을 분해할 수 없는 새끼를 위해 자신의 똥을 먹인다.

흰코뿔소
수컷은 정해진 장소로 가서 오래된 똥을 뒷발로 걷어찬 다음, 그 위에 새로운 똥을 눈다.

너구리
화장실을 여럿이 같이 사용한다. 한곳을 계속 사용하기 때문에 오래된 똥이 쌓여 있다.

박쥐
똥을 눌 때만 엉덩이를 내린다. 똑바로 서면 자신의 무게를 버틸 수 없기 때문이다.

토끼
토끼가 먹는 첫 번째 똥은 영양분이 많아 묽고, 두 번째 똥은 영양소가 없어 딱딱하다.

고양이
흙이나 모래를 파고, 그 안에 똥을 눈다. 똥을 눈 다음에는 덮어서 숨긴다.

몰랐어. 서울의 평균 기온은 13.5도구나.

부산은 15.7도로 서울보다 높아.

그렇네.

2019년 평균 기온
서울 13.5℃
부산 15.7℃
철원 11.1℃
제주도 16.8℃

서울은 100년 동안 평균 기온이 3도 정도 올랐어.

산에 있는 나무가 많이 줄고, 도로와 건물이 늘어났기 때문이지.

지구의 온도가 올라가는 건 온실 효과 때문이야. 온실가스가 지구의 열이 나가지 못하게 막고 있거든.

도시의 기온이 주변 지역보다 높은 게 보이지?

이게 바로 열섬 현상인데, 지구 온난화와 관련이 있대.

근데 지오야.

?

너희 집도 이렇게 생겼어?

그건 만화 영화에 나오는 집이지!

너희가 사는 집이 어떻게 생겼나 궁금해서 물어본 거야.

사람들은 다 저런 집에서 사나 하고.

저런 2층 집도 있고,

1층 집도 있지.

사람들이 높은 곳에서 산다고?

그리고 엄청 높은 아파트도 많아.

동물들이 나무 위에서 생활하는 것처럼?

61

남극

얼음 밑에 육지가 있으므로, 남극 대륙은 육지다.

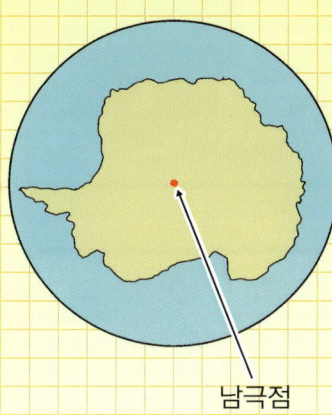

남극점

두꺼운 얼음으로 덮여 있다.
평균 기온은 영하 50℃.
북극보다 춥다.
북극곰은 없지만, 펭귄은 있다.

극제비갈매기

왜 북극에는 펭귄이 없는 거야?

왜 남극에는 북극곰이 없지?

북극은 유라시아와 북아메리카 대륙에 둘러싸여 있어.

캐나다　북극점　러시아
그린란드

북극곰의 조상이 대륙에서 살다가 북극으로 넘어갔을 가능성이 높아.

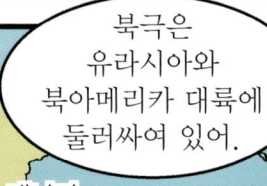

펭귄은 남극이 아메리카 대륙에서 분리되기 전부터

남극

그곳에서 살던 조류가 추위에 적응해 진화한 거라고 할 수 있지.

71

동물 상식 5

땅속에 사는 동물들

굴 파기의 달인

굴을 파는 동물은 아주 다양하다. 땅속에 보금자리를 만들고, 땅속에서 먹이를 찾는 동물들을 살펴보자.

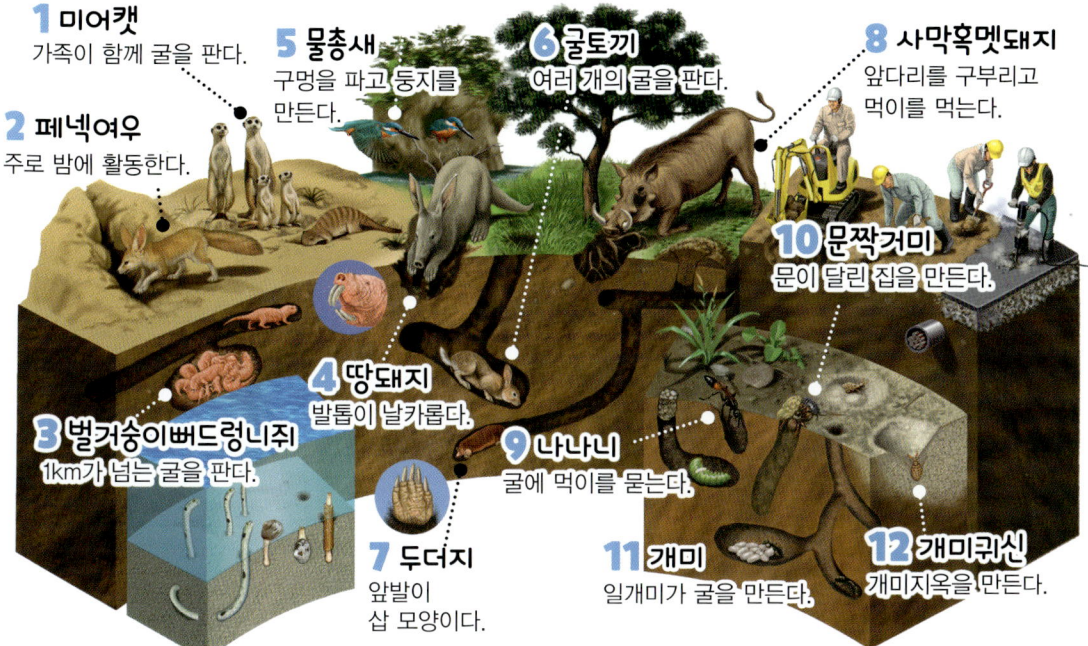

1 미어캣 가족이 함께 굴을 판다.
2 페넥여우 주로 밤에 활동한다.
3 벌거숭이뻐드렁니쥐 1km가 넘는 굴을 판다.
4 땅돼지 발톱이 날카롭다.
5 물총새 구멍을 파고 둥지를 만든다.
6 굴토끼 여러 개의 굴을 판다.
7 두더지 앞발이 삽 모양이다.
8 사막혹멧돼지 앞다리를 구부리고 먹이를 먹는다.
9 나나니 굴에 먹이를 묻는다.
10 문짝거미 문이 달린 집을 만든다.
11 개미 일개미가 굴을 만든다.
12 개미귀신 개미지옥을 만든다.

1 미어캣
무리 지어 굴에서 사는데, 굴에 통로와 입구를 많이 만든다. 잡식성으로, 주로 곤충을 잡아먹는다.

2 페넥여우
낮에는 굴에 들어가 해를 피하고, 밤이 되면 활동하는 사막형 여우.

3 벌거숭이뻐드렁니쥐
땅속에서만 생활하는 털이 없는 쥐. 300마리 정도가 굴에서 함께 산다.

4 땅돼지
다리가 짧지만 튼튼하고, 날카로운 발톱으로 굴을 만든다. 낮에는 굴속에 숨었다가 밤에 돌아다닌다.

5 물총새
언덕에 1m 정도의 구멍을 파서 둥지를 만든 후 알을 낳는다. 둥지에는 물고기 뼈 등을 깐다.

6 굴토끼
여러 개의 굴을 파는데, 굴은 연결되어 있다. 먹이를 찾지 않을 때는 굴을 파며 지낸다.

7 두더지
땅을 파는 앞발이 삽처럼 생겼다. 땅속에 굴을 만들고, 대부분 지하에서 생활한다.

8 사막혹멧돼지
초원에 작은 무리를 지어 생활하며, 앞다리를 구부리고 나무뿌리나 곤충 등을 먹는다.

9 나나니
작은 굴을 파서 나방의 유충을 사냥해 집어넣고, 그곳에 알을 낳는다. 입구는 모래로 막는다.

10 문짝거미
집을 만들고 문을 단다. 사냥감이 지나가면 문을 열고 잡아서 끌고 간다.

11 개미
발달된 큰 턱으로 흙을 옮겨서 굴을 넓힌다. 굴 만들기는 일개미가 하는 일이다.

12 개미귀신
엉덩이로 흙을 파서 모래밭 곳곳에 함정을 만든다. 이 구덩이가 '개미지옥'이다.

동물 상식 6

몸을 지키는 동물들
적의 공격을 막는 방법

자연의 동물들에게는 적이 많다. 몸을 지키기 위한 다양한 행동을 살펴보자.

보호하기

사향소
새끼를 무리 안에 두고, 주변을 동그랗게 둘러싼다.

무리 짓기

정어리
적이 섣불리 덤비지 못하도록 무리를 이뤄 함께 헤엄친다.

눈속임하기

군소
군청색 액체를 뿜어서 포식자를 위협한다.

오징어
자신을 닮은 먹물을 뿜어 적의 눈을 속인다.

문어
물속에서 연기처럼 퍼지는 먹물을 뿜어 모습을 감춘다.

브라질세띠아르마딜로
몸을 공처럼 말아서 몸 아랫부분을 보호한다.

짧은코가시두더지
뾰족한 털을 세우고, 몸을 둥글게 만다.

공격하기

폭탄먼지벌레
항문 근처에서 소리를 내면서 뜨거운 산성 가스를 내보낸다.

죽은 척하기

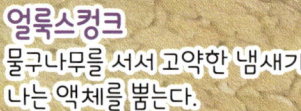

얼룩스컹크
물구나무를 서서 고약한 냄새가 나는 액체를 뿜는다.

너구리
몸이 둔해서 공격을 받으면 도망가지 않고 죽은 척한다.

버지니아주머니쥐
입에 거품을 물고 항문에서 썩은 냄새를 풍기며 포식자를 속인다.

6장 ★ 튼튼한 고지대 동물

*고지대: 높은 지대.

덥다고 했다가 춥다고 했다가

너희는 불만이 너무 많아.

우리는 네 숙제를 도와주려고 함께 다니는 거잖아.

이번에는 어디로 가는 거야?

그러니까 우리를 배려해 줘야지!

구름 위라서 잘 모르겠지만, 지금은 시원하지?

벨!

구름 위로 뭔가 튀어나왔어!

저기 봐!

퍽

!

꺄악!
뱀이다!

이건 나방인 우단박각시의 애벌레야.

잘 봐.
이건 뱀이 아니야.

나방?

뱀의 눈처럼 보이지만, 그냥 무늬일 뿐이야.

뭐야, 깜짝 놀랐잖아!

이런 모습으로 적에게서 몸을 보호해.

이런 걸 *의태라고 하지.

*의태: 어떤 모양이나 동작을 흉내 냄.

동물 상식 7

동물들의 다양한 집
동물들이 만든 집 구경하기

트리 하우스형

망치머리황새
나뭇가지 위에 잔가지나 흙으로 공 모양의 집을 만든다.

터널형

검은꼬리프레리도그
땅속에 지름 15cm 정도의 기다란 터널을 만들어 여러 마리가 함께 산다.

해먹형

스윈호오목눈이
수컷은 식물 섬유로 집을 만들어서 암컷을 유혹한다.

아파트형

텐트형

보겔콥바우어새
잔가지로 텐트처럼 생긴 집을 만들고, 꽃이나 열매로 장식해서 암컷의 마음을 얻는다.

집단베짜기새
여러 마리가 함께 나무 위에 마른 풀로 거대한 집을 만든다. 집에는 방이 아주 많다.

호주숲칠면조
낙엽과 흙을 모아서 집을 만든다. 낙엽이 썩으면서 생기는 열이 알을 따뜻하게 해 준다.

히터형

새틴바우어새
수컷은 잔가지로 정원을 만들고 주위를 파란색으로 장식해서 암컷을 부른다.

정원 가꾸기형

우리가 사는 집과 동물들의 집은 어떻게 다를까?
동물들이 만든 집의 크기와 모습을 보면 놀랍기만 하다.
자연 속에서 대단한 집을 만든 동물들의 솜씨를 구경해 보자.

아메리카비버
물살이 센 곳에 집을 지어 깊고 잔잔하게 만든다. 입구가 물속에 있어서 포식자가 찾기 어렵다.

댐형

빌딩형

흰개미
아프리카에 사는 흰개미는 높고 커다란 개미집을 만든다.

잠수구형

물거미
물속에서 생활하는 유일한 거미. 물풀 사이에 집을 짓고, 그 속에 공기를 채워 생활한다.

무당거미
나무와 풀 사이에 거미줄을 치고, 먹이가 거미줄에 걸리기를 기다린다.

네트형

이건 붉은불개미야. 물리면 굉장히 아프지.
많은 사람이 붉은불개미에 물려 고통받고 있는데, 알레르기 때문에 죽는 사람도 있어.
말벌보다는 독이 약하다고 들은 것 같아.
그래도 충분히 위험해.
여기서 주목할 점은 이 개미가 가진 강력한 공격성이야.
뽈
실수로 잘못 건드리면….
뽈
뽈
10초 만에 보시다시피.
에잇!!
에잇!!
뽈
으악
뽈
뽈

*외래종: 다른 나라에서 들어온 씨나 품종.

전 세계의 위험한 동물들 비교

너희가 절대로

사우스 아프리칸 틱테일

아프리카 남부에서 독이 가장 강한 전갈.

가까이 가면 안 되는 녀석들이야!

시드니깔때기그물거미

세계에서 가장 치명적인 독을 가진 대형 거미. 숲에 살지만 도시에서 목격되기도 한다.

늘보원숭이

동남아시아에 사는 원숭이로 팔꿈치 안쪽에서 나오는 물질과 침을 섞으면 독이 된다.

*인간이 이 독에 어떻게 반응하는지 밝혀지지 않았다.

삐삐

위험

화식조
몸길이는 약 1.5m로, 날개가 퇴화되어서 날지 못한다. 새 중에서 타조와 에뮤 다음으로 크고, 성격이 아주 거칠다.

아….

타, 타조 맞아?

저 녀석도 독이 있어?

독은 없지만 아주 위험해.

내가 실수로 불렀나 봐.

어쨌든 움직이지 마!

대화하는 건 무리인 것 같아.

이럴 때는

알고 있는 모든 방법을 시도해야 해.

어떤 방법?

자, 내 말 잘 들어! 화식조의 발은 강력한 무기지만 약점이기도 해.

내가 신호를 주면 지오가 주변에 있는 나무 막대기를 주워서,

화식조의 다리를 힘껏 때리는 거야.

화식조가 쓰러지면 그 틈에 재빨리 나무에 올라가.

화식조는 날지 못하니까 나무에 올라가면 안심할 수 있어.

탁

어려워!

내가 할 수 있을까?

동물 상식 8

동물들의 수영 실력
거침없이 바닷속으로!

물속에서 생활하는 동물들은 수영 기술이 아주 뛰어나다. 이들의 수영법을 살펴보자.

1 **황제펭귄** 나는 것처럼 수영하는 펭귄
2 **북극곰** 특기는 개헤엄
3 **범고래·고래** 지느러미로 진화한 앞다리
4 **돛새치** 세계에서 가장 빠른 물고기
5 **인도악어** 꼬리를 좌우로 흔들며 이동
6 **점박이물범** 방향을 조절하는 앞다리
7 **큰가리비** 껍데기를 열고 닫으면서 움직이는 조개
8 **해파리** 해류를 따라 이동하는 생물
9 **오징어** 몸 안의 물을 뿜으면서 이동
10 **노랑씬벵이** 지느러미로 바닥을 걷는 씬벵이

1 황제펭귄
플리퍼라는 날개를 퍼덕거리며 날 듯이 헤엄친다.

2 북극곰
물 위로 얼굴을 내밀고 개헤엄을 치듯 수영한다. 뒷발은 거의 사용하지 않는다.

3 범고래·고래
꼬리지느러미를 아래위로 움직이며 헤엄친다. 앞다리는 지느러미가 되었고 뒷다리는 퇴화했다.

4 돛새치
등지느러미와 꼬리지느러미 일부를 드러내고 헤엄친다.

5 인도악어
큰 꼬리를 좌우로 흔들며 앞으로 나아간다. 뒷발에는 물갈퀴가 있다.

6 점박이물범
헤엄칠 때, 앞발은 방향을 조절하고 뒷발은 추진력을 더한다.

7 큰가리비
양 껍데기를 열었다가 닫으면서 이동한다.

8 해파리
원반 모양의 갓을 열었다 닫으면서 헤엄치거나 해류를 따라 수면을 떠돌아다닌다.

9 오징어
몸 안에 있는 물을 밖으로 힘차게 뿜어서 그 힘을 이용해 앞으로 나아간다.

10 노랑씬벵이
바다 밑바닥을 걷는 어류. 지느러미로 바다 밑을 걸어서 이동한다.

차──악

와, 이 UFO는 배로도 변신하네?

우주, 하늘, 물 위 모두 갈 수 있지!

그리고 물속으로도!

부글 부글 부글

어?

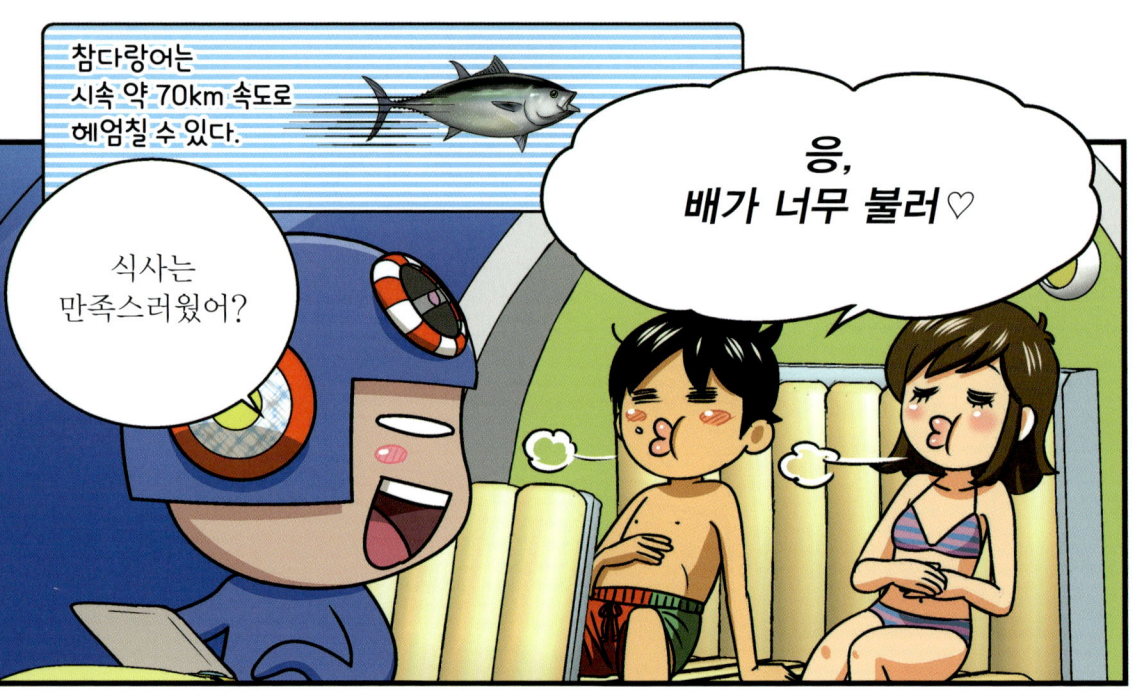

특별한 이야기

벨이 들려주는 바다 이야기

넓고 넓은 바다는 지구 표면의 약 70%를 차지하고 있어. 대부분은 *인류가 닿지 못한 곳이지.

바다는 지구 표면의 약 70%를 차지하고 있어. 엄청나게 넓고 깊은 곳이 물의 세계지.

인류가 아직 닿지 못한 깊은 바다가 많은데, 당연히 그곳은 수수께끼로 남아 있어. 어디에 무엇이 있다고 해도 이상할 게 없는 미스터리한 곳이지. 어쩌면 아주 오래전에 멸종된 공룡이 바닷속 어딘가에 살아 있을지도 몰라.

최근에는 *이상 기후 때문에 바다도 변하고 있어. 지구가 따뜻해지면서 해수면이 올라가는 거지.

북극곰이 살 수 있는 빙하가 녹고, 바닷물 온도가 올라가면서 바다에 사는 생물에게도 영향을 주고 있어. 그래서 인류가 해양 조사선을 이용해서 바다를 조사하는 등 바다를 이해하기 위해 여러 가지를 시도하고 있어.

우리 외계인도 지구의 바다에 관심이 많아. 지금도 어딘가에서 지구를 조사하고 있을지도 모르지!

MEMO

....
....
....

*인류: 사람을 다른 동물과 구별하여 이르는 말.
*이상기후: 기온이나 강수량이 정상적인 상태를 벗어난 상태.

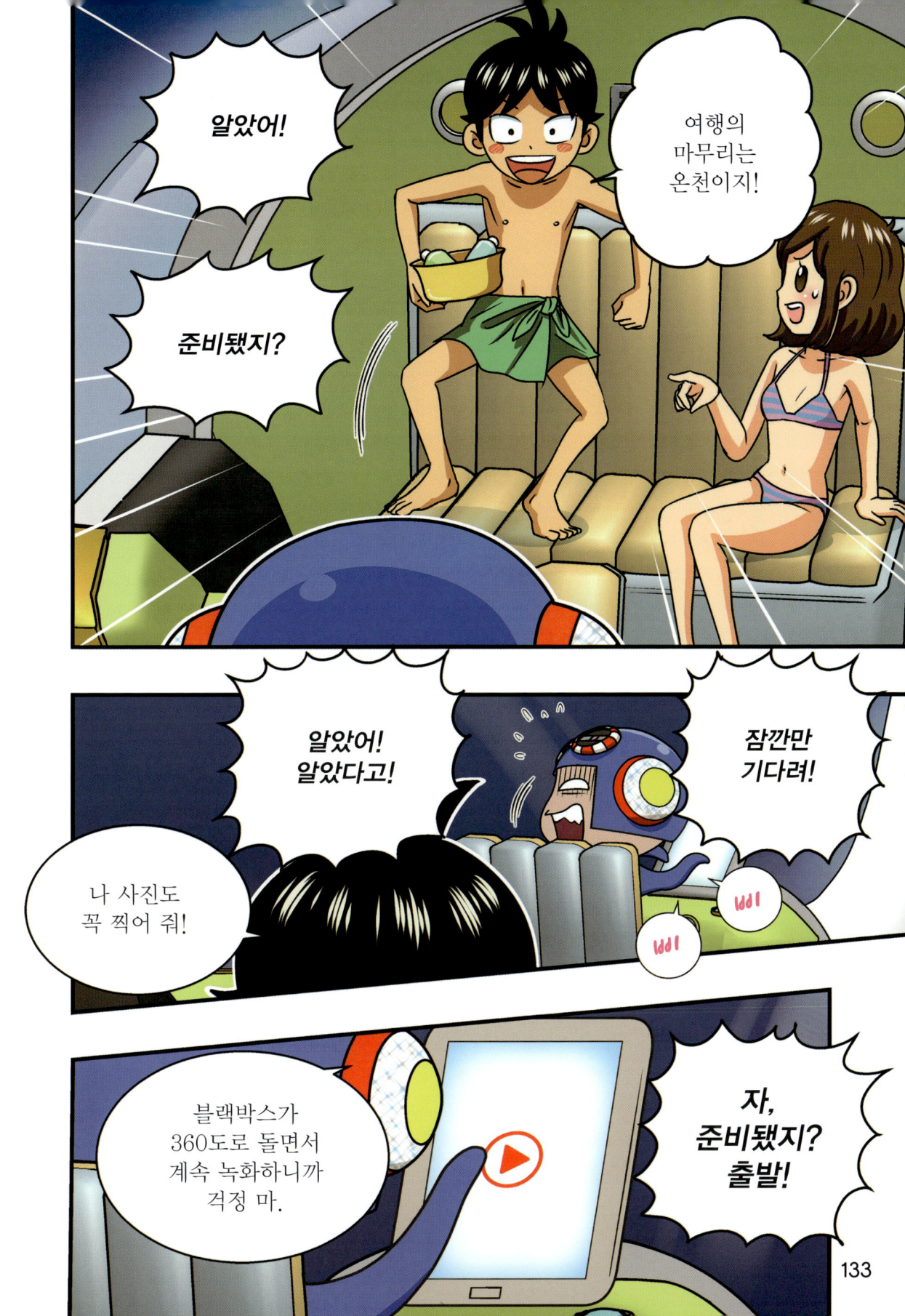

동물 상식 9

미스터리한 해저 세계
신기한 바다 동물

대부분의 바다는 2,000m 이상의 심해다. 여러 가지 동물들이 수영하는 세계를, 해수면에서 6,500m까지 확인해 보자.

잠수하는 게 특기
잠수바다제비류
나는 것보다 잠수를 더 잘한다. 잠수해서 물고기를 잡는다.

덩치는 크지만 온순한
고래상어
동물성 플랑크톤을 먹는 세계에서 가장 큰 물고기.

30분 동안 잠수하는
바다이구아나
파충류지만 15m 이상, 30분 동안 잠수할 수 있다.

바다 깊이 잠수하는
황제펭귄
잠수 실력이 뛰어나다. 565m까지 잠수한 기록이 있다.

산소통을 매고 잠수하는
인간
스쿠버다이빙 세계 기록은 332.35m. 심해 물고기처럼 잠수할 수 있다.

심해의 수수께끼
대왕오징어
수수께끼에 쌓인 커다란 오징어. 수심 600~1,500m에 산다.

해파리를 찾아다니는
장수거북
수심 1,200m까지 잠수할 수 있다.

푸른빛을 내면서 헤엄치는
흡혈오징어
오징어와 문어의 특징을 모두 가지고 있다. 수심 500~1,500m에 산다.

잠수를 가장 잘하는 물범
남방코끼리물범
수심 2,000m까지 내려가고, 잠수 시간은 2시간이다. 남극해 주변 해역에 산다.

대왕오징어의 라이벌
향유고래
수심 3,000m까지 잠수하는 거대 고래. 심해에서 대왕오징어와 열심히 싸운다.

기이하게 생긴
귀신고기
수심 500~5,000m에 산다. 이빨이 길어서 입이 닫히지 않는다.

바다를 조사하기 위해 만든
해양 조사선
바닷속 땅의 모양과 해류, 수심, 생물 등 바다의 모든 것을 조사하기 위해 만든 배.

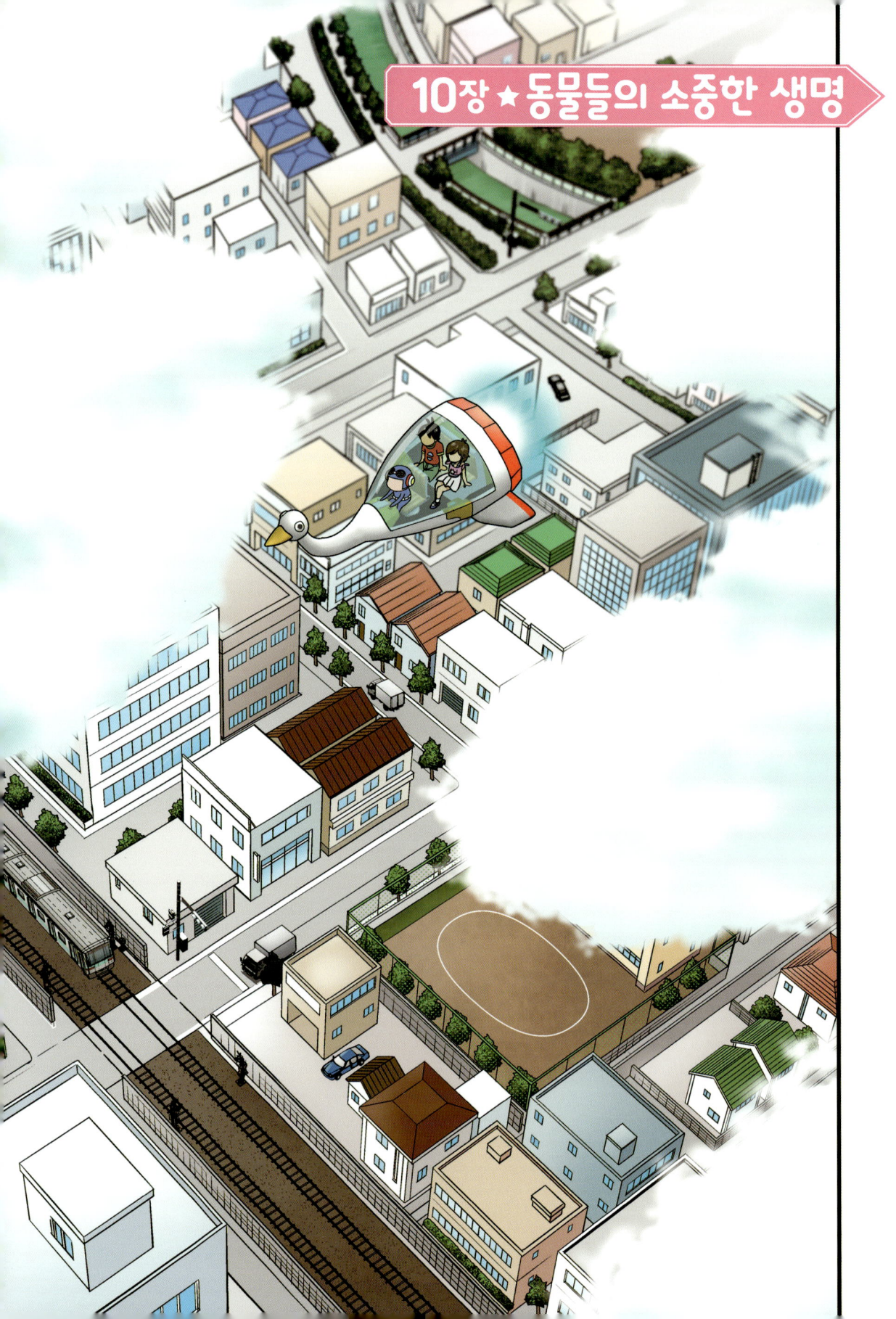

으읔!

선생님!

선생님!

음….

정신이 좀 드세요?

응? 어떻게 된 일이야?

커다란 벼룩을 보고 기절하셨어요.

뭐라고? 나한테 이상한 마술을 쓰다니! 이게 무슨 짓이야!

자! 마지막으로 수명에 관해 알려 줄게!

벨!

하다닥

지오, 수지야.
너희는 정말
어디에서나 볼 수 있는
평범한 초등학생이었어.

최강 동물왕 테스트

만화 비교 도감은 아직 끝나지 않았다.
여기까지 읽은 친구들은 '최강 동물왕 테스트'에 도전해 보자.
완벽하게 이해하는 것을 목표로 출발!

Q1 초등학생 4학년 남자아이보다 100m 달리기가 빠른 동물은 무엇일까?

① 돼지
② 펭귄
③ 고양이
④ 나무늘보

정답은 15쪽에

Q2 가장 빨리 헤엄치는 동물은 무엇일까?

① 인간
② 돛새치
③ 범고래
④ 북극곰

정답은 27쪽에

Q3 벼룩의 점프력은 몸길이의 몇 배일까?

① 약 5배
② 약 10배
③ 약 50배
④ 약 100배

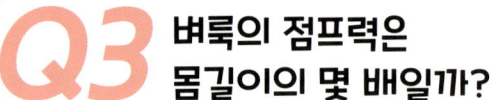

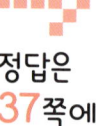

정답은 37쪽에

Q4 코끼리는 하루에 몇 kg을 먹을까?

① 10kg
② 50kg
③ 78kg
④ 200kg

▶ 정답은 49쪽에

Q5 다리를 바꾸면서 걷는 도마뱀은 어디에 살까?

① 남극
② 사막
③ 심해
④ 아마존

▶ 정답은 63쪽에

Q6 야크가 고지대에서 살 수 있는 이유는 무엇일까?

① 뿔이 커서
② 눈이 예뻐서
③ 위가 작아서
④ 적혈구가 많아서

▶ 정답은 77쪽에

Q7 독을 가진 이 원숭이의 이름은 무엇일까?

① 침팬지
② 늘보원숭이
③ 게잡이원숭이
④ 긴꼬리원숭이

정답은 96쪽에

Q8 참다랑어의 최고 속도는 무엇일까?

① 시속 20km
② 시속 70km
③ 시속 200km
④ 마하 1

정답은 118쪽에

Q9 해저의 열수구에서 솟는 물은 몇 도일까?

① 50℃
② 100℃
③ 200℃
④ 400℃

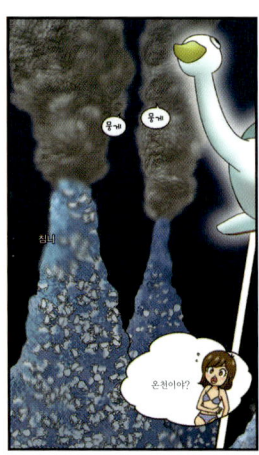

정답은 129쪽에

Q10 다음 중 가장 오래 사는 동물은 무엇일까?

① 매미
② 고릴라
③ 얼룩말
④ 북극고래

정답은 145쪽에

테스트 정답

Q1 ③ 고양이
Q2 ② 돛새치
Q3 ④ 100배
Q4 ③ 78kg
Q5 ② 사막

Q6 ④ 적혈구가 많아서
Q7 ② 늘보원숭이
Q8 ② 시속 70km
Q9 ④ 400℃
Q10 ④ 북극고래

테스트 결과! 내가 맞힌 문제는 몇 개?

10개
책 내용을 다 이해한 동물 박사!

축하해!
10개 문제의 정답을 모두 맞힌 친구를 동물 박사로 인정해!

8~9개
조금만 더 노력하면 완벽해!

아깝다!
한 번 더 읽으면 정답을 확실하게 알게 될 거야.

7~5개
책을 다시 찾아보고 풀어 보자!

조금 애매하네.
책을 꼼꼼하게 읽으면서 공부해 볼까?

4개 이하
우리 같이 책을 한 번 더 읽을까?

벨의 개그가 너무 재밌었나?
동물에 관심을 갖고 읽어 보자!

수학도둑 75권

기본편·심화편·창의편을 총정리하는 **종합편!!**

HOT!

MBC 〈공부가 머니?〉 교육전문가 추천 수학교육서적!

홀수달 20일 출간

수학만화 No.1

14년 연속 베스트셀러 **680만 부 돌파!!**

특별부록: 수학도둑 워크북

4단계 시스템
- 1단계 기본편(1~30권)
- 2단계 심화편(31~45권)
- 3단계 창의편(46~60권)
- 4단계 종합편(61~80권)

값 10,500원

MapleStory 수학⁺도둑 수학용어사전

수학 용어 완벽 마스터!

- 10권 구성
- Level 1~4
- Level 5~7
- Level 8~10

수와 연산, 도형, 측정, 규칙성, 자료와 가능성 등 초등 수학 5개 영역을 **기초**부터 **탄탄**하게!

값 11,000원

서울문화사 구입 문의 (02)791-0754 (출판마케팅)

NEXON ©2003 NEXON Korea Corporation All Rights Reserved.

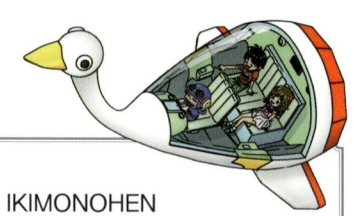

MANGA KURABERU ZUKAN IKIMONOHEN
Illustrations ⓒ 2019 by Santa HARUKAZE
Original story ⓒ 2019 by Masataka SASAKI
All rights reserved.
Original Japanese edition published by SHOGAKUKAN.
Korean translation rights in Korea arranged with SHOGAKUKAN.
through Shinwon Agency Co.

이 책의 한국어 저작권은 신원에이전시를 통해 저작권사와의
독점 계약한 ㈜서울문화사에 있습니다.
저작권법에 의하여 한국 내에서 보호를 받는 저작물이므로
무단전재와 무단복재를 금합니다.

미스터리 과학 도감 4권
슈퍼최강동물왕

1판 1쇄 인쇄 | 2020년 5월 6일 **1판 1쇄 발행** | 2020년 5월 15일
만화 | 하루가제 산타 · **원작** | 사사키 마사타카 · **감수** | 게코 쇼죠, 코우노 히로시
장정 | 츠지모토 아리히로 · **사진, 일러스트** | 카토 아이이치, 토비타 사토시,
후루사와 히로시, 미야모토 이쿠코, 미즈노 테츠야
본문 디자인 | 시미즈 하지메 · **본문 데이터 제작** | 무라타 노리오

발행인 | 신상철 · **편집인** | 최원영 · **편집장** | 최영미
편집자 | 허가영, 한나래, 이은정, 조문정 · **번역** | 박유미
표지 디자인 | 이강숙 **본문 디자인** | 이강숙, 김나경
제작 | 이수행, 주진만 · **발행처** | 서울문화사
등록일 | 1988년 2월 16일 · **등록번호** | 제2-484
주소 | 04376 서울특별시 용산구 새창로 221-19
전화 | 02)791-0754(판매) 02)799-9186(편집)
팩스 | 02)790-5922(판매) · **출력** | 덕일인쇄사 · **인쇄** | 에스엠그린

ISBN 979-11-6438-217-0 74490
978-89-263-8008-6(세트)

● 이 책은 저작권법에 따라 보호를 받는 저작물이므로 저작권자와 출판사의
허락 없이 이 책의 내용을 복제하거나 다른 용도로 쓸 수 없습니다.
● 책값은 뒤표지에 있습니다. 잘못된 책은 바꾸어 드립니다.